AF451889

FRAGMENTS

COMPÔSÉS DES ACTES

DE L'ITALIE

ET DE LA TURQUIE,

DE L'EUROPE GALANTE;

ET DE ZÉLINDOR,

ROI DES SILPHES,

REPRÉSENTÉS,

PAR L'ACADEMIE-ROYALE

DE MUSIQUE,

Le Mardi 17 Juin 1766.

PRIX XXX. SOLS.

AUX DÉPENS DE L'ACADÉMIE.

A PARIS, Chés DE LORMEL, Imprimeur de ladite Académie, rue
du Foin, à l'Image Sainte Genevieve.

On trouvera des Livres de Paroles à la Salle de l'Opera.

M. DCC. LXVI.

AVEC APPROBATION ET PRIVILEGE DU ROI.

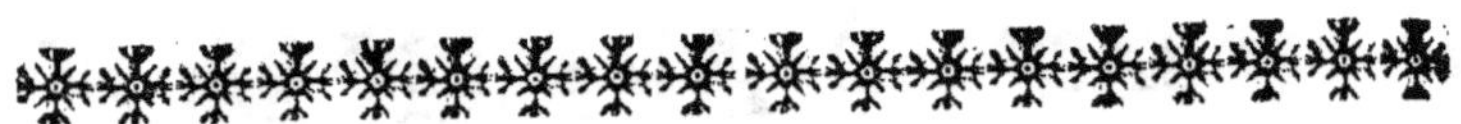

Les Poemes des deux premiers Actes sont de
L A M O T H E.

La Musique des deux mêmes Actes est de
C A M P R A.

L'ITALIE.

PREMIERE ENTRÉE.

ACTEURS CHANTANTS
DANS LES CHŒURS.

CÔTÉ DU ROI.		CÔTÉ DE LA REINE.	
Mesdemoiselles.	*Messieurs.*	*Mesdemoiselles.*	*Messieurs.*
Durand.	Chicot.	D'alliere.	L'écuyer.
Guillaume.	Vaudemont.	Salaville.	Albert.
La Croix.	Héri.	D'agée.	Tourcati.
Delor.	Cailteau.	Adélaïde.	Bourdon.
Beauvais.	Lecoutre.	Duprat.	Lagier.
Barrage.	Rose.	Lebourgeois.	Feret.
Thévenot.	Robin.		Du Perrier.
Delaiſtre.	Antheaume.	Rosalie.	Boi.
Héri.	Méon.	Jouette.	Laurent.
Defontebles.	Botſon.	Defroſieres.	Cavallier.

L'ITALIE.

ACTEURS.

OCTAVIO, *Seigneur Vénitien*, M. Pillot.
OLIMPIA, *Vénitienne*, Mlle. Duranci.
UNE VÉNITIENNE, Mlle. Dupont.

PERSONNAGES DANSANTS
DANS LE BAL.

UN *FRANÇOIS.*

M. VESTRIS.

MASQUES GALANTS.

M^{rs}. Trupti, Henri, Lani, 2., Lani, 3.
Mlles. l'Huillier, Boufcarelle, Perfeval, David, c.

POLONOIS & POLONOISES.

M. LIONNOIS, Mlle. LIONNOIS.

M^r. Lieffe, Leroi, Giguet, Langlois.

M^{lls}. Lavau, Ledoux, Ifoire, Dupin.

ESPAGNOLS & ESPAGNOLETTES.

M^{rs}. Doffion, Defpréaux, Gardel, c., Aubri.
Mlles. Darci, Riviere, Larie, Duthé.

PREMIERE ENTRÉE.

L'ITALIE.

Ls Théâtre repréſente une Salle, préparée pour un Bal.

SCÊNE PREMIERE.

OCTAVIO, OLIMPIA.

OCTAVIO.

Ne verrai-je jamais le jour
Où je ſerai content de l'ardeur de votre âme ?
Ingrate, vous brûlés d'une trop foible flâme ;
Vous offenſés & l'amant & l'amour.
Ne verrai-je jamais le jour
Où je ſerai content de l'ardeur de votre âme ?

OLIMPIA.

De quel reproche encor venés - vous m'allarmer ?
Vos soupçons plus long - tems ne peuvent se con-
traindre ;
Que sert, ingrat, de vous aimer ?
Vous ne cessés point de vous plaindre.

OCTAVIO.

Je ne me plaindrois pas,
Si vous m'aimiés, comme il faut que l'on aime ;
A suivre sans - cèsse vos pas,
Je trouve une douceur extrême :
Tous les autres plaisirs sont pour moi sans appas ;
Du bonheur de vous voir je fais mon bien suprême.
Hélas ! si vous m'aimiés de même,
Je ne me plaindrois pas.

Mais que vous êtes loin de l'ardeur qui m'enflâme !
Mon bonheur ne fait pas le plus doux de vos soins ;
Et de tous les plaisirs que peut goûter votre âme,
Mon amour est celui qui la touche le moins.

OLIMPIA.

Je connois ce qui vous irrite :
Vous souffrés à regret que je vienne en ces lieux ;
Et lespectacle où l'on m'invite,
Offense peut - être vos yeux ?

OCTAVIO.

OCTAVIO.

C'eſt le ſujet de mes juſtes allarmes :
Vous reconnoiſſés mal ma foi ;
Je renonce à tout, pour vos charmes,
Et vous ne quittés rien pour moi.

OLIMPIA.

Sortés de l'amoureux empire,
Ou devenés plus tranquille en aimant ;
Un cœur qui s'allarme aiſément,
N'eſt point heureux quand il ſoûpire :
Pour moi, l'amour eſt un plaiſir charmant ;
Pour vous, c'eſt un martire.

OCTAVIO.

Ah ! ne murmurés point de mes tranſports jaloux.
L'excès de mon amour fait celui de mes craintes ;
Tout ce qui s'approche de vous
Porte à mon cœur de ſenſibles atteintes.

Que ne ſommes-nous ſeuls en des lieux retirés !
Je cèſſerois peut-être de me plaindre ;
Plus vos appas y ſeroient ignorés,
Moins j'aurois de rivaux à craindre.

On vient. Songés du-moins que je ſuis près de vous,
Et ménagés un cœur jaloux.

B

SCÈNE II.

OCTAVIO, OLIMPIA; *Masques galants &*
de différens caractères, qui entrent sur une marche.

CHŒUR DE MASQUES.

Tendres amants, rassemblés-vous.
Pour les cœurs que l'Amour enchaîne,
Quel séjour peut être plus doux?
S'il se trouve ici des jaloux,
L'Amour ne les amene
Que pour les tromper tous.

On danse.

OLIMPIA,

alternativement avec le Chœur.

Formons d'aimables jeux, laissons-nous enflâmer;
Il n'est permis ici que de rire & d'aimer.

OLIMPIA.

Bannissons de ces lieux l'importune raison;
Elle vaut moins qu'une aimable folie :
Un doux excès sied bien dans la jeune saison;
Pour être heureux il faut qu'un cœur s'oublie.

CHŒUR.

Formons, &c.

OLIMPIA.

Rendés-vous, jeunes cœurs, cédés à vos defirs;
   Tout vous infpire un tendre badinage :
Ne préférés jamais la fageffe aux plaifirs;
   Il vaut bien mieux être heureux qu'être fage.

CHŒUR.

Formons, &c.   *On danfe.*

OLIMPIA, feule & alternativement

avec le Chœur.

Livrons-nous aux plaifirs, il n'eft rien de plus doux ;
Pour qui feroient-ils faits, fi ce n'étoit pour nous ?

OLIMPIA.

Mille Amours déguifés, dans ce charmant féjour,
   Comblent nos cœurs d'une douceur extrême;
Si quelqu'un en ces lieux eft entré fans amour,
   Ne craignons pas qu'il en forte de même.

CHŒUR.

Livrons-nous, &c.

OLIMPIA.

L'Amour, jeunes beautés, accompagne vos pas :
   Pour tout foûmettre, il vous prête fes armes;
C'eft vainement qu'aux yeux vous cachés mille appas,
   A tous les cœurs il révele vos charmes.

L'ITALIE,

CHŒUR.

Livrons-nous aux plaiſirs, il n'eſt rien de plus doux;
Pour qui feroient-ils faits, ſi ce n'étoit pour nous?

(On danſe.)

UNE VÉNITIENNE.

Que les plaiſirs & les fêtes
Les ris, les jeux & les concerts,
Les amoureuſes conquêtes
Regnent par tout l'univers.

Au tendre Amour rendons les armes,
Sans crainte, goûtons ſes attraits:
Dans tous les cœurs, qu'il bleſſe de ſes traits,
Sa flâme répand des charmes:
Nos jours heureux ſont dûs à ſes bienfaits.

Que les plaiſirs, &c.

(Un divertiſſement général termine la fête, à la fin de laquelle les Maſques ſe retirent.)

SCÈNE III.

OLIMPIA, feule.

Qu'eſt devenu le jaloux qui m'obſede ?
Ciel ! quel eſt le ſujet de ſon éloignement ?
Auroit-il reconnu l'ardeur qui me poſſede ?
Mes regards n'ont-ils pas découvert mon amant ?

Peut-être de nos yeux la douce intelligence,
    N'a pu garder le ſecret de nos cœurs ;
Ces indiſcrets témoins de nos tendres langueurs,
    Ont enfin rompu le ſilence.

Que je crains ! . . .

SCÈNE IV.

OCTAVIO, OLIMPIA.

(OCTAVIO *rentre en remettant ſon poignard.*)

OLIMPIA.

MAis que vois-je ? o Ciel! cruël, quelle rage vous
guide ?
De quels affreux tranſports étincellent vos yeux !

OCTAVIO.

Gémis, pleure à ton tour, perfide !

Va, cours de ton amant recevoir les adieux ;
Il expire près de ces lieux.

OLIMPIA, *en s'évanouissant.*

Ciel !

OCTAVIO.

Eh bien, malheureux ! en douterai-je encore ?
Sa douleur m'en dit plus que je n'en veux savoir ;
Me voilà donc certain du feu qui la dévore !
Cependant je n'ai pu venger mon défespoir
　　　　Sur celui que fon cœur adore.
En vain je l'ai fuivi, ce trop heureux amant ;
　　　　Fatale fête, nuit trop fombre,
　　　　C'eft vous dont le tumulte & l'ombre
Ont dérobé fes jours à mon reffentiment !
(*à OLIMPIA.*)
Tu reprends tes efprits, cruëlle, à ce langage ;
　　　　Je fuis le feul qui fouffre ici :

(*à part.*)

De tous fes mouvements je fens croître ma rage !
Je voulois lui furprendre un fecret qui m'outrage ;
　　　　Je n'ai que trop bien réuffi.

OLIMPIA.

Vous voyés mon ardeur, il n'eft plus tems de feindre,
Mon fecret fe découvre à vos foupçons jaloux :

C'eſt à l'Amour qu'il faut vous plaindre ;
Je l'aurois écouté, s'il m'eût parlé pour vous.

O C T A V I O.

Quoi, perfide ! mes feux, le devoir, ma tendreſſe,
Mes pleurs n'ont pu vous attendrir ?
Ah ! je veux déſormais réparer ma foibleſſe,
Je mettrai tous mes ſoins à vous faire ſouffrir :
Puiſque vous brûlés pour un autre,
Mon rival en perdra le jour ;
Ma fureur dans ſon ſang éteindra ſon amour,
Et punira le vôtre.

O L I M P I A.

Cruël ! ceſſés de m'allarmer,
N'écoutés point une injuſte colere ;
C'étoit à moi de vous aimer,
Mais c'étoit à vous de me plaire.   *(Elle ſort.)*

S C Ê N E V.

O C T A V I O, ſeul.

QUel outrage !.. mon cœur ne peut le ſoûtenir ;
Elle me laiſſe, elle rit de ma peine !
Dieux ! quand l'himen eſt prêt à nous unir,
La perfide à ſes nœuds oppôſe une autre chaîne !

Non, je ne peux lui pardonner ;
Je me livrè aux tranſports de ma fureur extrême :
Je ſuivrai les conſeils qu'elle vient me donner :
Immolons mon rival , ſon amante & moi-même !..

Ne vaudroit-il pas mieux rompre un fatal lïen ?
Mais le puis-je , inſenſé ! quel vaïn eſpoir me flate ?
Sans l'objet de mes feux je n'eſpere plus rien ;
C'eſt ſa ſeule rigueur qu'il faut que je combatte.
Allons tomber encor aux genoux de l'ingrate ,
Pour attendrir ſon cœur , ou pour percer le mien.

FIN DE LA PREMIERE ENTRÉE.

SCÊNE

LA TURQUIE.

DEUXIEME ENTRÉE.

ACTEURS.

ZAÏDE, *Sultane,*   M^de. L'Arrivee.
ROXANE, *Sultane,*   Mlle. Dubois.
ZULIMAN, *Sultan,*   M. L'Arrivée.
LE GRAND BOSTANGI,   M. Caffaignade.

PERSONAGES DANSANTS.

SULTANES.

Mlle. GUIMARD.

Mlles. GRANDI, GAUDOT, ADÉLAÏDE, LACROIX.

Mlles. Demiré, S^t. Martin, Mercier, Dauvilliers,
Siane, David, 1, Lefevre, Rouffelet.

BOSTANGIS.

M. LANI.

M^rs. LAVAL, DAUBERVAL.
M^rs. Trupti, Henri, Lani, 1, Grenier, Dubois, 2,
Lani, 2., Langlois, Aubri.

ICOGLANS.

M^rs. BEATE, MALTER.
M^rs. Cezeron, Doffion, 2, Bourgeois, Slingsbi.

DEUXIEME ENTRÉE.

LA TURQUIE.

Le Théâtre repréſente les Jardins du Sérail du Grand-
Seigneur &, dans le fond, l'Appartement
des Sultanes.

SCÉNE PREMIERE.

Z A Ï D E, *ſeule.*

MES yeux, ne pourrés-vous jamais.
Forcer mon vainqueur à ſe rendre ?
Faut-il avec un cœur ſi tendre,
Avoir de ſi foibles attraits !

Mes yeux, ne pourrés-vous jamais, &c.

C ij

Au moment de mon efclavage,
Quand on me conduifit dans ce riche palais,
Il parut à mes yeux l'antre le plus fauvage,
Je le fis retentir de mes triftes regrèts.

Je me fis une immage affreufe
Du fouverain que j'adore aujourd'hui ;
Mais fa préfence enfin diffipa mon ennui ;
Et je me trouvai trop heureufe
D'être captive auprès de lui.

Les beautés dont il eft le maître,
Par fon ordre bientôt s'affemblent dans ces lieux :
Amour, Amour, fais-lui connoître
Le cœur qui le mérite mieux !

Mais c'eft lui que je vois ; gardons-nous de paroître :
Il n'eft pas tems encor de m'offrir à fes yeux.

SCÈNE II.

ZULIMAN, ROXANE.

ROXANE.

QUoi ! par d'autres appas votre âme est enflâ-
mée ?
Mes soûpirs désormais vont être superflus !
Ah, pourquoi m'avés-vous aimée ?
Ou pourquoi ne m'aimés-vous plus ?

ZULIMAN.

Je ne romprois pas notre chaîne.
Si vous saviés m'y retenir.
Mon cœur s'accorde sans peine,
A qui sait mieux l'obtenir.

ROXANE.

Que votre inconstance est cruëlle !
Hélas ! vous m'ôtés votre cœur :

Et, malgré toute ma douleur,
Je n'ôfe vous traiter d'ingrat & d'infidele.

Je vois avec horreur méprifer mes appas,
Je fens les plus vives allarmes ;
Mais le refpect me force à murmurer tout bas,
Et me fait dévorer mes foûpirs & mes larmes.

Z U L I M A N.

Vous mérités un fort plus doux,
Et mon cœur à regret fe détache du vôtre ;
La pitié parle encor pour vous,
Mais l'amour parle pour une autre.

R O X A N E.

C'en eft donc fait, Seigneur ; mes beaux jours font
　　pâffés ?

Z U L I M A N.

Je n'oublîrai jamais que vous me fûtes chere.

R O X A N E.

Vous ne m'aimés plus, c'eft affés,
Tout le refte me défefpere :
Que ne puis-je oublïer que je vous ai fu plaire !
Je ne fentirois pas que vous me trahiffés,

ZULIMAN.

On approche ; ceffés une plainte trop vaine.
Celles qu'ici mon ordre amene,
Vont, par leurs jeux, répondre à mes defirs :
Diffimulés votre peine,
Et refpectés mes plaifirs.

ROXANE, *à part.*

Voyons du-moins l'objet de fes nouveaux foûpirs ;
Sachons à qui je dois ma haîne.

SCÈNE III.

ZULIMAN, ROXANE, ZAÏDE,
ET LES AUTRES SULTANES.

(*Les* SULTANES *forment plusieurs Danses pour plaire à* ZULIMAN.)

ZAÏDE, alternativement avec le CHŒUR.

Que l'Amour dans nos cœurs fasse naître
Mille ardeurs pour notre auguste Maître;
Que nos tendres soûpirs
Préviennent ses desirs.

LE CHŒUR.

Que l'Amour, &c.

ZAÏDE.

Dans ces lieux tout doit le satisfaire;
Pour ce charmant vainqueur laissons-nous enflâmer;
Attendons le bonheur de lui plaire,
En jouïssant toûjours du plaisir de l'aimer.

LE CHŒUR.

Dans ces lieux, &c.

ZULIMAN, à ZAÏDE.

Vous brillés seule en ces retraites,
Vous effacés tous les autres appas ;
L'Amour ne se plaît qu'où vous êtes,
Il languit où vous n'êtes pas.

Mon cœur ne sent que trop le plaisir que vous faites !

ZAÏDE.

Quoi, Seigneur. ! . . . .

ZULIMAN.

C'est de vous que je me sens épris ;
Depuis le jour que je vous vis,
Mon cœur, belle Zaïde, en secret vous adore.

ZAÏDE.

Hélas ! s'il étoit vrai, vous me l'auriés appris.

ZULIMAN.

Non, & c'est un secret que je tairois encore,
Si vos tendres regards ne me l'avoient surpris.

D

J'efpérois affranchir mon âme
Du péril d'engager fa foi ;
Et je ne voulois pas me permettre une flâme
Qui prît trop d'empire fur moi.

J'ai long-tems différé de vous rendre les armes :
Pour éviter d'éternelles amours,
Des beautés de ces lieux j'empruntois le fecours ;
Mais vous triomphés de leurs charmes,
Et je vous aime enfin, pour vous aimer toûjours.

ROXANE, tirant fon poignard, & voulant frapper
ZAÏDE.

Ah ! c'en eft trop, je cede à cet outrage,
Verfons le fang que demande ma rage.

ZULIMAN, lui arrachant le poignard.

Ciel ! que vois - je ? quelle fureur !
Malheureufe, qu'ôfes-tu faire ?

ROXANE.

Je voulois la punir d'avoir trop fu te plaire,
Et de m'avoir ravi ton cœur.

Le défefpoir dont je fuis animée,

    S'enflâme encor par tes difcours ;

Tu lui jures, cruël, les plus tendres amours,

Tu l'aimes cent fois plus que tu ne m'as aimée !

Quand tu formas les nœuds, que tu roms, pour

   jamais,

J'éprouvai ta fierté, jufques dans ta tendreffe ;

    Hélas ! c'eft avec d'autres traits

    Que l'amour aujourd'hui te bleffe :

    Devant fes yeux ton orgueil cèffe :

    J'ai voulu venger mes attraits,

    Et te punir de ta foibleffe !

Z U L I M A N.

Quoi ! ne crains-tu pas que la mort

Soit le prix de ton infolence ?

R O X A N E.

Je n'ai pu remplir ma vengeance ;

Ce regret feul, fans toi, peut terminer mon fort,

   (à ZAÏDE.)

    Mais toi, rivale trop cruëlle,

           D ij

Prends ce fer, infidele à mon juste couroux ;
Portes-en à mon cœur une atteinte mortelle ;
Tu m'as déjà porté de plus sensibles coups.

Z U L I M A N.

Qu'on l'ôte de mes yeux, & qu'on s'assûre d'elle.

SCÈNE IV.

ZULIMAN, ZAÏDE,
& les Acteurs de la Scéne précédente.

ZAÏDE.

AU nom de nos tendres ardeurs,
Oubliés sa jalouse rage;
Ne vous vengés de ses fureurs,
  Qu'en m'aimant davantage.

ZULIMAN.

Je suis épris de vos attraits
    Autant qu'on le peut être;
    Mon feu ne sauroit croître,
    Ni s'affoiblir jamais.

ZULIMAN & ZAÏDE.

Amour! lance tes traits, épuise ton carquois;
Brûle toûjours nos cœurs de ta flâme immortelle:
    Que sur une chaîne si belle.
    L'inconstance n'ait point de droits.

ZULIMAN.

Que tout signale ici nos ardeurs mutuëlles,
Qu'on offre à nos regards les fêtes les plus belles.

SCÉNE DERNIERE.

ZULIMAN, ZAÏDE, LES SULTANES,
& les BOSTANGIS, ou JARDINIERS du Sérail.
(Ils forment plusieurs Jeux suivant leur caractere.)
LE CHEF DES BOSTANGIS , alternativement
avec le CHŒUR.

Vivir , vivir , gran Sultana.
Unir , unir li cantara.
Mille volte exclamara ,
Vivir , vivir , gran Sultana.
Bello como star un flor ,
Durar quanto far arbor.
A l'eminegos su sciabola ,
Como à frutas tempesta.
La Ruciada matutina
Far florir su jardina.
Favor celesta
Coprir su tabanta.   On danse.

LE CHEF DES BOSTANGIS , alternativement
avec le CHŒUR.

Star contento ,
Star potento ,
Del mondo star l'amor ò lò spavento.

En regnar ,
En amar
Far tributir
L'Occidento , l'Oriento.

En regnar ,
En amar ,

Sempre sentir
Plazer sensa tormento.

Di é far ,
O disfar
Subito , subito.
Sù lo mento.
Star contento ,
Star potento ,
Del mondo star l'amor , ò lò spavento.

SENS DES PAROLES FRANQUES.

Vive le Souverain qui nous donne des loix !
   Chantons , chantons , répétons mille fois,
Vive le Souverain qui nous donne des loix !

   Qu'il ignore à-jamais les peines ,
   Qu'il éprouve mille douceurs ;
   Qu'il brille autant que les fleurs ,
   Qu'il dure autant que les chênes.

Qu'il réuniffe la force & le courage
Que fes voifins jaloux
Craignent plus fon couroux
Que nos fruits ne craignent l'orage.

Qu'au-devant de fes vœux les cœurs viennent s'offrir;
Que pour fon bonheur tout confpire ;
Et que le Ciel faffe toûjours fleurir,
Et fes jardins & fon empire.

FIN DE LA DEUXIEME ENTRÉE.

ZÉLINDOR,
ROI DES SILPHES.

***

TROISIEME ENTRÉE.

***

Le Poeme eſt de *M. DE MONCRIF*, Lecteur de la *REINE*, l'un des quarante de l'*Académie-Françoiſe*, Membre de l'*Académie-Royale* des *Sciences & Belles-Lettres de Berlin*, & de la *Société Royale de Nanci*.

La Muſique de *M. M. REBEL & FRANCŒUR*, Surintendants de la Muſique du *ROI*, & Directeurs de l'*Académie-Royale de Muſique*.

ACTEURS.

ZÉLINDOR, *Roi des Silphes*, M^r. Legros.

ZIRPHÉ, *mortelle*, *aimée de*
  ZÉLINDOR,   Mlle. Arnould.

ZULIM, *Silphe*, *confident de*
  ZÉLINDOR,   M^r. Durand.

CHŒUR DE NIMPHES.

UNE NIMPHE,   Mlle. Dubrieulle.

CHŒUR DE GÉNIES ÉLÉMENTAIRES.

SILPHES, GNOMES, ONDINS, SALAMANDRES.

UNE SILPHIDE,   Mlle. Dubrieulle.

PERSONNAGES DANSANTS.

PREMIER DIVERTISSEMENT.
NIMPHES.
Mlle. GUIMARD.

Mlles. Demiré, St. Martin, Gaudot, Adélaïde,
La Croix, Dauvilliers, Villette, Mercier,
Larie, David, I.

SECOND DIVERTISSEMENT.
GÉNIES ÉLÉMENTAIRES.
SILPHES ET SILPHIDES.
Mlle. PESLIN.

M. MALTER, Mle. DUPERREI.

Mlles. Cornu, Vernier, Leroi, Darci, Chaffaigne,
Sidonie.
GNOMES.
M. GARDEL.

Mrs Henri, Lieffe, Lani, 2, Lani, 3, Gardel, c.,
Langlois.
NIMPHES DES EAUX.
Mlles. Demiré, St. Martin, Gaudot, Adélaïde,
Lacroix, Dauvilliers.
SALAMANDRES.
M. LAVAL.

Mrs. Trupti, Dubois, Riviere, Lani, 1, Grenier,
Aubri.

ZÉLINDOR,
ROI DES SILPHES.

Le Théâtre repréſente une Campagne ornée d'arbres, de gâſons, de fleurs & ſemée, en quelques endroits, de rochers : On voit deſcendre deux Silphes, portés ſur des nuages d'aſur & de lumiere ; l'un des Silphes tient un ſceptre.

SCÉNE PREMIERE.
ZÉLINDOR, ZULIM.
ZULIM.

UN ſouverain Génie adore une mortelle !
Quoi ! vous, Silphe enchanteur, qui régnés dans les
    airs,
Vous n'êtes point flaté d'avoir donné des fers
    A la Silphide la plus belle ?

ZÉLINDOR.

Hé ! comment ne pas m'enflâmer
Pour l'aimable objet qui m'enchante ?

Une Silphide fait aimer,
Mais une mortelle eſt charmante.

Hé ! comment ne pas m'enflâmer
Pour l'aimable objet qui m'enchante ?

Oui, la jeune Zirphé m'a fixé dans ces lieux :
Par mille enchantements, mon art ingénïeux
Prévient ſes vœux, l'étonne & l'amuſe ſans-cèſſe :
Cent fois, pendant les nuits,
Les ſonges, que j'inſtruis,
Lui peignent mon image, annoncent ma tendreſſe.
J'ai ſoin qu'à ſa félicité
Tout conſpire dans la nature ;
Cherche-t-elle ſes traits au ſein d'une onde pure ?
Elle y voit les Amours couronner ſa beauté.

Ce matin encore
Portant ſur ce gâſon ſes regards enchanteurs,
Elle liſoit ces ces mots, formés par mille fleurs :

Zirphé, qui vous voit vous adore.

Z U L I M.

On fait que vous aimés ;
Annoncés vous-même
Les vœux que vous formés :
On fait que vous aimés ;
Croyés qu'on vous aime.

Z É L I N D O R.

Laiffe-moi m'armer conftammeut
Contre une flateufe chimere ;
On ne croit que trop aifément
Poffédor le talent de plaire.

Z U L I M.

Eft-ce à vous de craindre en aimant ?

Hé ! que faut-il encore
Pour être heureux amant ?

Vous êtes Roi, jeune & charmant ;
Et vous doutés qu'on vous adore !

Vous êtes Roi, jeune & charmant ;

Hé ! que faut-il encore
Pour être heureux amant ?

ZÉLINDOR;

Connois le cœur d'une mortelle :
Toûjours senfible, & rarement fidele,
A de nouveaux plaifirs il fe laiffe emporter.

Comme un zéphir, qui careffe
Une fleur, fans s'arrêter,
Une volage maîtreffe,
S'emprèffe de nous quitter,
Comme un zéphir, qui careffe
Une fleur, fans s'arrêter.

Dans le cœur de Zirphé, par un art infaillible,
Je vais découvrir en ce jour
Si c'eft l'orgueil de plaire, ou le plus tendre amour
Qui la fait paroître fenfible.

Mais elle porte ici fes pas ;
Contemplons fes beaux yeux, qui ne me verront pas :
Ce fceptre, que je tiens, va me rendre invifible.

*(ZÉLINDOR touche ZULIM de fon
fceptre ; ZULIM devient invifible
pour ZIRPHÉ, & refte fur la fcéne,
avec ZÉLINDOR.)*

SCÊNE

SCÊNE II.

ZIRPHÉ, ZÉLINDOR, *fans être apperçu de* ZIRPHÉ, *& s'occupant toûjours d'elle.*

ZIRPHÉ.

POurquoi me refufer le plaifir de vous voir ?
Cher Enchanteur, volés, rempliffés mon efpoir !

Dieux ! à mon trouble extrême
Puis-je m'accoûtumer ?
Quoi ! j'aime autant qu'on peut aimer,
Et je n'ai point vu ce que j'aime.

Pourquoi me refufer le plaifir de vous voir ?
Cher Enchanteur, volés, rempliffés mon efpoir !

Si j'en crois mon impatïence,
Si j'en crois de mon cœur l'heureux preffentiment,
Votre plus doux enchantement
Doit naître de votre préfence.

Pourquoi me refufer le plaifir de vous voir ?
Cher Enchanteur, volés, rempliffés mon efpoir !

Un songe, cette nuit, me traçoit votre image :
Vous paroissiés charmant : vous traversiés les airs,
    J'entendois d'aimables concerts
    Éclater à votre pâssage :
Des arbres, des rochers, en nimphes transformés,
    Par des jeux me rendoient hommage :
Ah ! si de ces objèts mes sens étoient charmés,
Croyés....

    ZÉLINDOR, sans être vu de ZIRPHÉ.

    Belle Zirphé, que ce qui peut vous plaire,
    Pour vous jamais ne soit un bien trompeur ;
      Qu'une chimere
      Qui vous est cheré,
    Au même instant, cèsse d'être une erreur.

    Songes, qui flatiés ce que j'aime,
    Devenés une vérité.

(Les arbres & les rochers sont changés successivement
en nimphes, qui avancent en dansant du côté où est
ZIRPHÉ.)

SCÈNE III.

ZIRPHÉ, ZÉLINDOR,
NIMPHES.

ZIRPHÉ.

QUe vois - je ? Non , malgré votre pouvoir
    suprême ,
    Si vous ne vous offrés vous-même ,
Non , vous ne faites rien pour ma félicité.

          (On danse.)

CHŒUR DE NIMPHES, à ZIRPHÉ.

    Il faut que tout seconde ,
    Ou prévienne vos vœux :
    Le plus aimable objet du monde
    Doit être encor le plus heureux.

         (On danse.)

UNE NIMPHE.

  Sur vos pas , par quel charme admirable
  Les plaisirs viennent se rassembler ?
    Près de vous , tout devient aimable ,
    Tout s'emprèsse à vous ressembler.

         F ij

Régnés au gré de votre envie ;
Voyés trïompher vos defirs :
N'ayés d'autres foins dans la vie,
Que d'imaginer des plaifirs.

Sur vos pas, par quel charme admirable
Les plaifirs viennent fe raffembler ?
Près de vous, tout devient aimable
Tout s'emprèffe à vous reffembler.

(On danfe.)

ZIRPHÉ, *interrompant les danfes des* N I M P H E S.

C'en eft affés.

(*Les* N I M P H E S *fe retirent en danfant,
& marquent, par des attitudes, leur regret de
quitter* Z I R P H É.)

Ah ! paroiffés enfin,
Venés, cher Enchanteur... Je vous appelle en vain !...

Vous trïomphés de l'amour qui m'enflâme ;
Charmer eft votre feul plaifir :
Non, vous n'aimés qu'à tourmenter une âme,
Et vous ne pouviés mieux choifir.

ZÉLINDOR, *toûjours invifible pour* Z I R P H É.

Ah ! jugés mieux d'un cœur qui vous adore,
Et n'accufés que vous, fi je me cache encore.

Je regne dans les airs fur des peuples charmants :
Si vous êtes fenfible à l'ardeur qui m'infpire,
Vous pouvés, dès ce jour, partager mon empire;
Vous pouvés poſſéder l'art des enchantements :
Mais, malgré ce bonheur que je vous fais connoître,
          Dès que vous pourrés favoir
A quel prix le deſtin me permet de paroître;
          Aimable Zirphé, peut-être,
          Vous ne voudrés plus me voir?
            Z I R P H É.
          Quelle injuſtice extrême !
      Le plaifir de voir ce qu'on aime
Récompenfe cent fois de ce qu'il doit coûter :
Déclarés ce fecret : qui peut vous arrêter ?

ZÉLINDOR , toûjours invifible pour ZIRPHÉ.
Hé bien, il faut céder à votre impatïence.
      A vos regards, dès que je m'offrirai,
Si pour moi votre cœur eſt dans l'indifférence,
Ordonnés mon éxil; hélas! j'obéirai :
Plus heureux, fi l'himen nous unit l'un à l'autre,
Mon fort fera charmant; mais apprenés le vôtre.
Vos yeux, ces yeux fi beaux, en redoublant mes fers,
Perdront fur tous les cœurs leur empire ordinaire;
          Je ferai dans tout l'univers
      Le feul amant à qui vous pourrés plaire.
Parlés....

 ## Z É L I N D O R,

Z I R P H É.

Oui, j'y confens, je le veux; paroiffés.

(*Elle apperçoit le Génie, qui a jetté fon fceptre, & qui tombe à fes genoux.*)

Ah ! gardés-vous de jamais difparoître.

Z É L I N D O R, *aux genoux de* Z I R P H É.

Vous favés nos deftins, hâtés-vous, prononcés....

Z I R P H É.

Non, vous n'éxigés pas affés
Pour le prix du plaifir qu'on trouve à vous connoître!

Z É L I N D O R.

L'empire de mon cœur pourra vous contenter ?

Z I R P H É.

Quand on charme l'amant qui fait nous enchanter,
A d'autres yeux que fert-il d'être belle ?
Je n'aurai rien à regretter,
Si vous m'êtes toûjours fidele.

Z É L I N D O R.

Elle aime ! Amour, je fens le plus heureux tranf-
port !

Zirphé, sortés d'erreur, & connoissés ma flâme :
    C'étoit pour éprouver votre âme
Que je vous annonçois un vain arrêt du sort.

Oui, vous plairés toûjours, tout vous rendra les armes ;
    Mille cœurs vous seront offerts ;
    Hé ! quel pouvoir dans l'univers,
    Borneroit celui de vos charmes ?

ENSEMBLE.

    Ah ! combien vous m'aimerés,
    Si mon cœur vous sert de modele !
    Qu'avec plaisir vous formerés
    Les nœuds d'une chaîne éternelle !

ZÉLINDOR.

    Embellissés ce fortuné séjour
Peuples des Élémens, venés ici vous rendre ;
    Voyés unir, par les mains de l'Amour,
Le plus charmant objet & l'amant le plus tendre.

SCÊNE IV.

*(Le Théâtre change , & repréfente le Palais du Roi
des Silphes.)*

ZIRPHÉ, ZÉLINDOR, ZULIM;
GÉNIES ÉLÉMENTAIRES,

SILPHES, GNOMES, ONDINS,
SALAMANDRES.

(Les Génies élémentaires forment un divertiffement.)

ZÉLINDOR.

QUe dans les airs vos chants harmonïeux,
  Que le feu , que la terre & l'onde,
  Que tout rende hommage à des yeux
Le charme & la gloire du monde.

CHŒUR.

Que dans les airs nos chants harmonïeux,
  Que le feu que la terre & l'onde,
  Que tout rende hommage à des yeux
Le charme & la gloire du monde.

(On danfe.)

UN.

UNE SILPHIDE, à ZIRPHÉ.

Quel amant fous vos loix s'engage !
Que de fleurs vont former vos fers !
L'Enchanteur qui vous rend hommage
Vous éleve au trône des airs.
    Quels plaifirs vous font offerts !
        Que votre empire
        Doit vous charmer
        On n'y refpire
        Que pour aimer.

                (On danfe.)

CHŒUR DE SILPHIDES.

Vos deftins changent leurs cours ;
Vous ceffés d'être mortelle,
Pour n'avoir que de beaux jours,
Et pour être toûjours belle.

LA SILPHIDE.

Ah ! ah ! quel bien eft plus doux ?
Ah ! qu'il eft digne de vous ?
        Que votre empire
        Doit vous charmer !
        On n'y refpire
        Que pour aimer.

LE CHŒUR.

Ah! ah! quel bien est plus doux !
Ah! qu'il est digne de vous !

LA SILPHIDE.

Que votre empire
Doit vous charmer !

LE CHŒUR.

On n'y respire
Que pour aimer.

(*Un divertissement général termine cet Acte.*)

F I N.

APPROBATION.

J'Ai lu, par ordre de Monseigneur le Vice-Chancelier, une réimpression de deux Actes de l'Europe Galante, l'*Italie* & *la Turquie* ; Suivis de *Zélindor* , *Roi des Silphes* ; & je n'y ai rien trouvé qui n'ait été approuvé dans les éditions précédentes. A Versailles ce neuf Mai 1766.

DEMONCRIF.